AF581393

NOTES.

Ces monstres dont les frénésies, etc.

C'EST sur-tout en ceci que l'ostentation du savoir serait insuffisante et ridicule : la liste des schismes qui ont divisé les catholiques remplirait seule des in-folio, et nos historiens se lassent à les nommer.

Il veut, chassant l'erreur et l'ombre, etc.

On se souvient qu'une académie instituée par Charlemagne cultiva les arts et les lettres, qu'adorait ce prince : mais la barbarie étouffa les fruits de ses soins ; et ce ne fut que dans les universités que l'instruction refleurit sous l'appui de Philippe Auguste, nouvel ami des arts et des lettres. Les innombrables congrégations ecclésiastiques recueillirent le dépôt des connaissances humaines, et les querelles théologiques répandirent la source des lumieres, qu'on ne chercha d'abord que pour argumenter et se nuire. On ne sera donc pas surpris de voir naître la science dans les temps des hérésies : le doute fut le premier pas vers les découvertes dans le labyrinthe de la vérité.

C'est à sa trompette divine
A proclamer les souverains, etc.

La poésie doit payer aux illustres morts les tributs

d'éloges qui animent leurs successeurs à les imiter : il est même glorieux aux poëtes de louer les qualités des héros et des rois vivants, soit pour marquer qu'ils ont su les discerner en consacrant la reconnaissance ou l'ingratitude publique, soit pour leur inspirer les vertus qui leur manquent.

Parmi les schismes trop célebres, etc.

On enseignait dans les universités la théologie, l'astronomie, la médecine, les mathématiques, et la logique, sciences bien éloignées d'être alors ce qu'elles sont aujourd'hui, et telles que je les peins ici. Ces écoles se rendirent si fameuses qu'elles reçurent des privileges, et un crédit politique dont enfin elles abuserent. On les ramena vers leur sage institution : elles perdirent leur trop de puissance, et n'acquirent que plus de lustre. Le sort des sociétés ressemble donc à celui des hommes : leurs prérogatives les enorgueillissent ; ils ne s'honorent que par la modération.

LES
DEUX CRÉOLES,
PANTOMIME
EN TROIS ACTES,

De la composition de M. AUMER, artiste de l'Académie Impériale de Musique.

Musique de M. DARONDEAU.

Représentée, pour la première fois à Paris, sur le théâtre de la Porte St.-Martin, le 28 juin 1806.

A PARIS,

Chez BARBA, Libraire, palais du Tribunat, derrière le théâtre Français, n°. 51.

1806.

PERSONNAGES.	ACTEURS.
THÉODORE.	Mme *Quériau.*
ZOÉ.	Mlle *Caroline.*
M. DE LA MARTINIÈRE, gouverneur de l'île.	M. *Lefebvre.*
Mad. de SÉNANGE, mère de Zoé.	Mlle *Aline.*
MARIANNE.	Mme *Descuillés.*
DOMINGUO.	M. *Robillon.*
DORIVAL, colon.	M. *Mérante.*
Un VIEILLARD, habitant de l'île.	M. *Fusil.*
Le PASTEUR.	M. *Auguste.*
Un chef D'ATTELIER.	M. *Sévin.*
MARIE, Négresse.	Mme *Bellement.*
ZOBI, son enfant.	Mlle *Descuillés.*
Une NÉGRESSE.	Mlle *Degville.*
Nègres, Négresses colons.	
Créoles, Officiers, Matelots.	

LES DEUX CRÉOLES.

ACTE PREMIER.

Le théâtre représente une partie sauvage de l'île de France et les bords d'un large ruisseau qui traverse le chemin. Ce ruisseau, dont les eaux paraissent fort basses au commencement de l'acte, est semé de pointes de rochers qui débordent toujours au-dessus de l'eau; ils doivent être assez rapprochés les uns des autres pour qu'on puisse traverser à sec, en enjambant d'un rocher à l'autre. Ce site doit offrir une perspective pittoresque.... On voit une plantation de cannes à sucre. Un dattier couvert de fruits est à la droite du spectateur.

SCENE PREMIERE.

Au lever de la toile on apperçoit une plantation de cannes à sucre, un vaste attelier de Nègres est occupé au travail, la hoüe à la main. Les uns lient ces cannes à sucres, et en forment un amas; d'autres, viennent les présenter au Commandeur qui assiste à leurs travaux. (*Il est vêtu de coutil, porte un chapeau de paille, a un fouet sur l'épaule, et s'appuie sur un bâton de bambou.*) Satisfait de l'activité de l'attelier, il lui permet de se livrer à la joie. La danse commence au son du *tambour* et d'une espèce de *clari-corne*. Un Nègre danse avec la Négresse qu'il a choisie : il est coupé de tems en tems malicieusement par un Nègre du bal. Cette danse pittoresque se nomme *bamboula*... Les Nègres, en signe d'applaudissemens, frappent dans leurs mains. Tout-à-coup un léger orage se fait entendre... les Nègres se retirent avec précipitation.

SCENE II.

Théodore et Zoé, quand l'orage est prêt à finir, arrivent, se tenant étroitement serrés ; ils sont couverts l'un et l'autre du jupon de Zoé, ils cherchent une retraite pour se mettre à l'abri... ils apperçoivent un dattier, ils y courent et s'y tiennent cachés. Théodore, un instant après, quitte l'arbre, il fait signe à Zoé que l'orage est dissipé. Zoé témoigne tout son chagrin d'avoir quitté sa mère... Ils sont près de partir ; mais Zoé est lasse, elle désirerait se reposer un moment avant de s'en retourner. Théodore la conduit vers un banc de gazon ; il pose son panier à terre, et en tire quelques provisions ; il en offre à Zoé. Ils se donnent et se rendent mutuellement des fruits. Après le repas, Théodore s'approche de Zoé, veut lui prendre un baiser ; mais Zoé lui met la main sur la bouche, et l'arrête. Théodore boude... Zoé cherche un moyen pour le ramener ; levant la tête, et fixant le dattier, elle dit que s'il veut cueillir quelques dattes, elle lui accordera, pour récompense, le baiser qu'il a demandé. Théodore transporté de joie se lève aussitôt et grimpe sur l'arbre. A chaque instant Zoé craint qu'il ne se laisse tomber, il la rassure ; il fait signe à Zoé de se mettre sous le dattier. Théodore pose son pied sur une branche, et la fait baisser, afin que Zoé puisse l'atteindre ; mais au moment où elle va le saisir, Théodore retire son pied, et la branche se relève. Zoé, qui n'a rien pris, se fâche, et veut s'éloigner ; Théodore la rappelle en lui jetant quelques dattes, quelles retient adroitement. Zoé envoie le baiser promis, mais Théodore n'est pas satisfait, il fait signe qu'il ne l'a point reçu, *que le vent a tout emporté ;* il lui montre d'autres dattes, elle s'approche en montant sur un banc de gazon qui est au pied de l'arbre.

Théodore tient une datte suspendue à sa bouche, et descend à la hauteur de Zoé, pour la lui donner ; mais au moment où elle veut la saisir, il la laisse échapper, et l'embrasse. Zoé quitte le banc de gazon, toute honteuse, pendant que Théodore se réjouit de son succès. Il exprime *que pour celui-là, il le tient bien, et que le vent n'en aura rien.*

Zoé veut s'en aller, il s'élance sur ses pas, la ramène, et demande son pardon. Zoé le regarde ; tout est oublié, et dans un pas de deux ils expriment leur bonheur.

SCENE III.

Ils sont interrompus par l'arrivée d'une

Négresse portant un enfant sur ses épaules et se traînant le long des arbres; à leur aspect, elle veut fuir, mais Théodore et Zoé courent vers elle, la rassurent, ils la soutiennent et la conduisent à un banc de gazon; ils prennent l'enfant, le caressent, il respire à peine; la mère est toute défaillante. Théodore et Zoé s'en apperçoivent, et donnent toutes leurs provisions à cette malheureuse, qui s'en saisit avec avidité pour les donner à son enfant.

Zoé et Théodore lui disent de manger; et ils prennent soin du petit Nègre. Théodore et Zoé jouissent du bonheur de soulager cette pauvre femme; ils sont attendris. Après qu'elle a appaisé sa faim, elle leur raconte qu'elle appartient à un maître sévère, et, en montrant son corps couvert de cicatrices, elle leur fait voir comme il l'a maltraitée, parce qu'elle n'a pas voulu lui donner son enfant; elle le prend dans ses bras et le caresse. La Négresse oublie bientôt toutes ses peines, et elle se précipite aux pieds de Théodore et de Zoé, pour les remercier de leur bonté; Zoé la relève, et la fait asseoir à ses côtés; Théodore s'apperçoit qu'elle a ses pieds tout en sang, il va arracher plusieurs feuilles d'arbres avec lesquelles il les enveloppe. Il lui propose de l'emmener à leur habitation; la Négresse y consent, elle veut se relever, mais ses forces ne lui permettent pas de les suivre. Théodore et Zoé éprouvent et témoignent la plus vive compassion sur le sort de cette malheureuse. Théodore dit à Zoé qu'il va faire une cabane. Il court chercher des branches, et en forme un berceau.

Pendant ce tems, Zoé va puiser de l'eau avec ses mains, et revient pour faire boire la Négresse et son pauve enfant. Théodore en un instant a fait la cabane, il se réjouit de son travail, il court vers la Négresse, la prend et la conduit sous ce feuillage. Zoé, pendant ce tems, s'est emparée de l'enfant, elle le place à côté de la mère ; la Négresse baise les pieds de ses bienfaiteurs, et leur donne toutes sortes de bénédictions.

SCENE IV.

A ce moment on apperçoit des Nègres et leur chef cherchant quelqu'un (c'est Dorival, ce maître sévère). La Négresse le voit et exprime toutes ses craintes. Théodore et Zoé la rassurent, malgré qu'ils aient eux-mêmes bien peur. Cependant ils voudraient fuir ; mais ils sont retenus par l'espoir de sauver cette infortunée, ils s'approchent en tremblant l'un près de l'autre, et cachent, par ce moyen, la mère et son fils. Dorival, après avoir cherché dans le fond du théâtre, redescent la scènè et apperçoit Théodore et Zoé étroitement serrés, il les rassure de la peur qu'ils paraissent éprouver, et leur demande s'ils n'auraient point vu une de ses esclaves.

Théodore et Zoé n'osent point répondre. Dorival remarque que Zoé est jolie, il oublie un moment l'objet de ses recherches pour ne s'occuper que d'elle, il s'approche et la contemple. Théodore, que cette familiarité offense, contient à peine sa colère. Zoé s'en apperçoit, et lui fait signe de se contenir; elle prie Dorival de pardonner à son esclave s'il la retrouve. Dorival le lui promet. Sitôt qu'il a prononcé son pardon, Zoé et Théodore courent au bosquet et montrent à Dorival celle qu'il cherchait.

SCENE V.

Il ordonne aux Nègres de la saisir et de l'emmener. Théodore se jette au-devant d'eux et les arrête; Zoé implore la clémence de Dorival. La Négresse saisie de frayeur prend son enfant dans ses bras. Théodore rappelle à Dorival son serment; mais il n'écoute rien. Il va pour saisir son esclave, Zoé l'arrête, et le supplie d'écouter ses prières; cependant il s'attendrit aux larmes de Zoé; Théodore s'arme d'un bâton, et protège de tout son pouvoir ces deux infortunées. Zoé s'apperçoit que Dorival paraît touché; elle soulève la Négresse, tient l'enfant dans ses bras, et tombe, ainsi que Théodore, aux pieds de Dorival... Les tendres caresses de l'enfant, les prières de Zoé achevent du subjuguer son cœur. Enfin il pardonne... Tous les Nègres témoignent leur joie. Théodore et Zoé remercient Dorival; il regarde Zoé avec beaucoup d'intérêt et semble ne la quitter qu'avec beaucoup de regrets. Il dit à tous les esclaves de partir, et prend congé de ces aimables créoles. La Négresse témoigne à Théodore et à Zoé toutes ses craintes d'être obligée de se séparer de ses libérateurs; mais à la voix du maître, il faut obéir.

Zoé et Théodore, témoins de son inquiétude, n'osent demander à Dorival la liberté de la Négresse. Cependant ils font éclater tant le plaisir qu'ils auraient s'il voulait la leur accorder. Bientôt, lui dit Théodore, elle ne pourra plus vous être d'aucune utilité. Zoé lui présente l'enfant, et le supplie de ne pas être généreux à demi. Les Nègres implorent sa bonté ; ils s'engagent à remplir chaque jour sa tache. Dorival est si vivement sollicité, qu'il ne peut refuser de se rendre à leurs prières. La pauvre esclave n'ose manifester sa joie ; mais au moment où il consent à lui rendre sa liberté, elle tombe à ses pieds, et ce n'est qu'avec beaucoup de peine que l'on peut l'arracher de cette position. Dorival regarde affectueusement Zoé, et se retire suivi de ses Nègres.

SCENE VI.

La pauvre Négresse, après que son maître est parti, doute encore de son bonheur ; elle ne sait comment exprimer toute sa reconnaissance... Elle se jette à genoux, et, par une prière naïve, prie l'Eternel de répandre des bienfaits sur Théodore et Zoé attendris jusqu'aux larmes. Cependant l'idée de leurs mères vint frapper son imagination, Zoé est troublée par l'inquiétude qu'elles doivent avoir. La Négresse, s'appercevant de son chagrin, s'accuse d'en être la cause; Théodore rassure Zoé et cette pauvre esclave; ils voudraient partir, mais ils ne savent plus le chemin qu'il faut prendre. Théodore cherche à s'orienter, et après avoir réfléchi et regardé d'où vient le vent, il leur montre le côté où ils doivent s'en aller. Mais Zoé est effrayée en voyant le ruisseau qui a grossi, elle n'ose mettre le pied sur les pointes de rochers. Théodore la rassure. Il prend Zoé sur ses épaules et se flatte de pouvoir traverser ainsi cette petite rivière, en enjambant d'une pointe de rocher à l'autre; la Négresse le suit en tenant son enfant; mais lorsqu'ils sont au milieu, Théodore apperçoit que les autres pointes sont couvertes d'eau, et qu'il ne peut plus avancer, il est embarrassé, non pour lui, mais pour sa chère Zoé. Il est obligé de rétrograder. Ces pauvres enfans se désespèrent, ils ne savent ce qu'ils vont devenir; Zoé dit à son frère de partir seul et de retourner à la case, pour tranquilliser leurs mères. Mais Théodore ne veut pas y consentir; non, non, jamais, dit-il, je ne te quitterai. Après un moment d'abattement, ils croyent entendre quelqu'un, mais leur espoir est bientôt deçu, la Négresse, voyant leur chagrin, prend la résolution de partir et d'aller chercher du secours. C'e t envain que Théodore et Zoé veulent s'y opposer, elle remet son enfant entre leurs bras, après lui avoir fait mille et mille caresses. Elle va traverser la rivière lorsque, de l'autre côté, on découvre Dominguo qui descend la montagne. Il voit ses jeunes maîtres, il témoigne toute sa joie. Théodore et Zoé, au moment où il veut passer l'eau, le prient de ne point s'exposer, mais aucun danger ne l'arrête, il traverse, tantôt en entrant dans l'eau jusqu'à mi-jambe, tantôt sur la pointe de rochers. Théodore et Zoé, pendant ce tems, sont dans une anxiété cruelle.

SCENE VII.

Enfin il est auprès d'eux, à leurs pieds, pleurant de joie et ne pouvant proférer une seule parole... Après qu'il a repris ses sens, il les gronde d'avoir ainsi quitté leurs mères, qui se chagrinent depuis le moment de leur départ; Théodore et Zoé, après le récit de Dominguo, sont désespérés et pleurent. Dominguo, à la vue de cette Négresse, paraît surpris; Théodore et Zoé lui apprennent qu'ils ont obtenu sa liberté, et qu'ils l'ont sauvée des coups d'un maître rigoureux. Dominguo les félicite de leur bon cœur, et, en leur montrant le ciel, il dit: *Dieu vous protégera toujours pour vos bonnes actions.* Ainsi rassurez-vous, vos mamans ne vous en voudrons plus en apprenant cette nouvelle, il leur fait signe de s'en venir de suite. Autre embarras, Dominguo ne peut point passer l'eau avec tous les deux ensemble, il faut qu'il en reste un pendant qu'il passera l'autre, Théodore veut que ce soit Zoé, Zoé veut que ce soit Théodore, la Négresse propose de porter Zoé pendant que Dominguo se chargera de Théodore qui pourra prendre le petit enfant dans ses bras. Ce projet est accepté, mais au moment où ils vont l'exécuter, une troupe de noirs les apperçoivent et leur font signe, de l'autre côté de la rive, de n'avoir aucune crainte; les uns se jettent à l'eau, les autres passent sur la pointe des rochers.

SCENE VIII.

Théodore et Zoé courent au-devant d'eux, les Nègres, après qu'ils sont arrivés, témoignent leur joie et leur contentement de pouvoir être agréables à ces aimables enfans. Dominguo fait signe à plusieurs d'eux de couper quelques branches; Théodore montre celles qui sont au bosquet; les Nègres vont les chercher et forment une espèce de civière. Pendant ce tems les Nègres dansent, on place Zoé sur le brancard, on veut aussi placer Théodore à ses côtés, mais il demande que ce soit la Négresse avec son enfant. Dominguo prend Théodore sur les épaules, quatre Nègres portent le brancard, les autres les suivent en dansant et en gesticulant. Tous traversent le ruisseau et partent vers la montagne. Zoé à souvent des momens de frayeur, Théodore et Dominguo la rassurent.

Fin du premier Acte.

ACTE II.

Le théâtre représente, d'un côté, la case de madame de Sénange, deux cocotiers sont à l'entrée; de l'autre côté, est la case de Marianne; dans l'éloignement, l'église des Pampelouses. Au fond, des rochers et des arbres, tels que bananiers, palmiers, etc.

SCENE RREMIERE.

MADAME de Sénange paraît, regarde si ses enfans n'arrivent pas. Marianne la suit, et cherche à la consoler; mais Madame de Sénange n'a plus d'espoir; elle se jette sur un banc, et pleure sa fille comme si elle était perdue; Marianne est auprès d'elle, plongée dans la plus profonde tristesse.

SCENE II.

Un Vieillard, habitant de l'île, et voisin connu de Madame de Sénange, arrive appuyés sur un bâton; il apperçoit les deux mères, et les salue avec respect; il voit des larmes couler de leurs yeux. Il demande la cause. Madame de Sénange et Marianne lui apprennent que, depuis près d'un jour, elles ne savent ce que sont devenus leurs enfans. Le Vieillard voudrait courir sur leurs traces; mais son âge ne lui permet pas, et il ne peut leur donner que quelques consolations.

SCENE III.

Dominguo arrive en courrant, et annonce l'arrivée de ses jeunes maîtres. Madame de Sénange, Marianne, le Vieillard, volent aussitôt au-devant d'eux.

SCENE IV.

On voit paraître les Nègres, portant sur leurs épaules Zoé et la Négresse, Théodore court se jeter dans les bras de sa mère ; Madame de Sénange, après avoir embrassé Zoé, gronde les deux intéressans fugitifs. Ils se reprochent de leur avoir causé tant de peine ; ils montrent la Négresse et son enfant, qu'ils ont sauvés des mains d'un maître barbare ; c'est de cette action qu'ils attendent leur pardon. La Négresse et son enfant tombent aux pieds de Madame de Sénange. Celle-ci apprend que ces deux enfans lui ont sauvé la vie ; pendant ce tems Théodore et Zoé se tiennent à l'écart, et n'osent approcher. Madame de Sénange ne peut résister à sa joie, elle embrasse sa fille ; Zoé s'apperçoit que son visage est mouillé des larmes de sa mère, elle lui témoigne le regret qu'elle a de lui avoir causé un si grand chagrin ; mais Madame de Sénange lui montrant la Négresse, lui dit : *voilà ton excuse.* Marianne embrasse Théodore, on dresse une table, Dominguo s'empresse de la servir. Madame de Sénange place à côté d'elle, le Vieillard et Marianne, Théodore est auprès de sa chère

Zoé et de la Négresse ; l'enfant est au milieu d'eux. Aprés que la table est servie, Dominguo s'occupe des Nègres ; lorsqu'ils ont pris quelques rafraîchissemens, ils dansent au son du *tam-tam*. Théodore et Zoé sont invités à prendre part à leurs jeux.

SCENE V.

La danse est interrompue par l'arrivée d'un officier qui apporte une lettre pour Madame de Sénange, de la part de M. de la Martinière, l'Officier, aprés avoir remis sa missive, se retire.

SCENE VI.

Madame de Sénange ouvre et lit la lettre. Mais quel est son étonnement, lorsqu'elle apprend que sa tante, lui ordonne de lui envoyer Zoé. C'est envain que Madame de Sénange veut cacher son trouble ; on l'entoure, Théodore et Zoé lui demandent si cette lettre est le présage de quelques malheurs ; la mère voudrait dissimuler, mais les larmes la trahissent. Enfin elle est obligée de céder à leurs instances, et elle apprend à toute la famille qu'elle vient de recevoir l'ordre de faire partir Zoé. La consternation est au comble, Dominguo et Marianne fondent en larmes. Théodore, immobile d'étonnement, paraît prêt à se mettre en colère... Zoé, les yeux fixés sur sa mère, n'ose la questionner sur sa décision.. Marianne invite le Vieillard à parler à Madame de Sénange, il s'approche d'elle, lui fait voir toute sa famille éplorée et le désespoir dans lequel elle va la plonger si elle consent à se séparer de Zoé, Marianne la prie de rejeter de semblables propositions... Madame de Sénange vaincue enfin par leurs prières, cède, et se rend à leurs vœux; chacun est attendri. Madame de Sénange, après avoir reçu les caresses de ces deux enfans, prie Théodore ainsi que Zoé de rentrer. Ils obéissent et se retirent jusqu'à ce qu'ils soient à leurs cases.

SCENE VII.

Madame de Sénange, après qu'ils sont partis, témoigne à Marianne et au Vieillard toute son inquiétude sur le sort de sa chère Zoé, et sur l'amour de Théodore et de sa fille. Le Vieillard combat les raisonnemens de Madame de Sénange et demande que puisque les deux enfans s'aiment, il faut au plutôt les unir. Madame de Sénange craint de désobéir à sa tante. Mais les prières de Marianne, de Dominguo et du Vieillard la déterminent. Il est arrêté que ce projet sera secret jusqu'au moment de l'exécution, afin de surprendre plus agréablement les deux amans. Les deux mères sortent avec le Vieillard, et vont chez le missionnaire.

SCENE VIII.

Dominguo ne peut contenir sa joie, son cœur l'entraîne vers ses jeunes maîtres, pour leur apprendre que dans un instant ils vont être heureux ; mais il se rappelle qu'il a promis d'être discret, et par conséquent obligé de garder un profond silence.

SCENE IX.

Théodore revient ; il court à Dominguo, demande Madame de Sénange et sa mère, veut savoir pourquoi on l'a éloigné si brusquement de son amie, Dominguo est interdit, il hésite. Théodore s'apperçoit qu'il dissimule ; il le prie, il se fâche, même dans l'intention de le forcer à lui avouer ce qui vient de se passer ; ne pouvant rien obtenir, il se décide à aller trouver Zoé ; mais Dominguo l'arrête. Théodore plus étonné encore, lui en demande la raison, Dominguo balance à le lui dire .. Le bon Nègre à chaque instant est prêt à se trahir... il voudrait pouvoir faire passer dans le cœur de Théodore toute sa joie ; mais il ne peut lui faire aucune confidence. Théodore ne sait que penser de l'embarras de Dominguo.

SCENE X.

Zoé sort aussi de sa case, Théodore, malgré Dominguo, court se jeter dans ses bras, et la prie de se joindre à lui pour savoir le secret que leur cache ce Nègre. Zoé est étonnée de ce que lui dit Théodore, et, en ne voyant pas sa mère, elle paraît inquiète. Dominguo, qui s'en apperçoit, la rassure ; alors Théodore et Zoé unissent leurs prières et leurs supplications ; elle le caresse ; Dominguo ne peut plus résister à Zoé, et, prenant par la main ses deux jeunes maîtres, il est au moment de leur apprendre qu'ils vont être unis, lorsque l'on entend une musique qui approche.... Dominguo ne peut continuer ; il saute, il danse, Théodore et Zoé sont encore plus étonnés en voyant ses transports subits. Dominguo leur dit de rentrer, mais ils ne veulent point obéir qu'ils ne sachent le motif de ce mystère et de cette joie... Dominguo est inflexible, il conduit Zoé jusqu'à sa case, en la priant de rentrer ; lorsqu'il la quitte, il trouve Théodore derrière lui, il le gronde de ne point être obéissant ; Dominguo veut le forcer de rentrer aussi . mais Zoé est revenue sur ses pas, alors tous deux prient encore Dominguo. Celui-ci feint d'être en colère, il fait un geste menaçant, Théodore et Zoé ont peur, ils se sauvent à toutes jambes dans leurs cases.

SCENE XI.

Dominguo, les voyant fuir, rit de leur frayeur et s'applaudit de leur stratagême. Il court au-devant de ses bonnes maîtresses, les Négres entrent en dansant, Madame de Sénange et Marianne ont, au milieu d'elles, le Pasteur ; le Vieillard les accompagne. Lorsque tout le monde est arrivé, il s'avance auprès de la case de Zoé ; il y entre, pendant que les Nègres dansent devant la porte. Le Vieillard sort tenant Zoé. Elle paraît étonnée de cette céremonie, on la fait asseoir sur un petit trône de feuillages, ses regards se portent toujours sur sa mère et paraissent la questionner ; mais sa surprise redouble lorsqu'elle voit faire la même cérémonie à Théodore, que l'on place en face d'elle. Celui-ci, voudrait courir dans les bras de Zoé, il est arrêté par le Pasteur. On conduit vers lui les deux amans. Il implore pour eux la grace du ciel. Zoé et Théodore se regardant d'un air naïf et inquiet. Le Vieillard demande si elle desire être unie à Théodore. Elle paraît étonnée de la question, et répond qu'elle ne veut jamais s'en séparer. Il fait la même question à Théodore qui répond de même et témoigne le même embarras.

Madame de Sénange, Marianne et Dominguo jouissent de leur naïveté. Le Vieillard prend la main de Théodore, la place sur le cœur de Zoé, à ce premier mouvement, elle est troublée, Théodore ému, et lorsque leurs yeux se rencontrent, ils éprouvent un nouveau sentiment. Leurs visages s'animent, et au moment où Zoé pose la main sur le cœur brûlant de Théodore, ils sont embrâsés du même feu, et pour la première fois ils connaissent l'amour ; Zoé timide n'ose lever les yeux. Théodore ne peut maintenir ses transports. Il voudrait la serrer dans ses bras, mais le missionnaire le retient. De jeunes Créoles apportent une couronne blanche, symbole de l'innocence, et l'on y attache le voile de la pudeur... Zoé est conduite par le Vieillard auprès de sa mère. Théodore est mené aux pieds de Marianne par le Pasteur. Les deux enfans s'agenouillent, et reçoivent des deux mères leur bénédiction... Ils reviennent près du Pasteur qui leur fait prêter le serment de s'aimer toujours. Ils en attestent le ciel; mais au moment où le Pasteur leur prend les mains pour les conduire à l'église des Pamplemousses, M. le Gouverneur se présente accompagné d'Officiers et de Matelots portant des coffres; un d'eux porte un sac de piastres.

SCENE. XII.

Les Nègres tombent à ses pieds, la cérémonie demeure suspendue. Il s'informe quelle est cette réunion; il est étonné lorsqu'on lui apprend que ce sont les fiançailles de Zoé; il témoigne à madame de Sénange son mécontentement, et lui montre l'ordre qu'il a reçu pour emmener sa fille en France. A cette nouvelle Théodore et Zoé sont consternés. Madame de Sénange ne veut point consentir à se séparer de sa chère Zoé, le Gouverneur l'exige. Il lui présente le sac de piastres et fait déposer les malles dans la case. On se jette à ses pieds, on conjure sa sensibilité; il refuse d'écouter toutes prières. Cependant il sort attendri; voyant la douleur de Zoé, de Théodore, et de cette intéressante famille, il recommande au Pasteur de déterminer Zoé à le suivre.

SCENE XIII.

Théodore et Zoé sollicitent la protection

du Vieillard. Madame de Sénange témoigne à ses enfans tout son chagrin ; mais comment désobéir à l'ordre de sa tante. Théodore saisit Zoé dans ses bras et la tient étroitement serrée : il fait serment de ne jamais se séparer d'elle. Madame de Sénange cherche à le rassurer, mais Théodore ne l'écoute point, au contraire, il lui fait les plus vifs reproches, et, en montrant le sac de piastres et les étoffes : voilà (semble-t-il lui dire) la cause de mon malheur, c'est pour ces richesses que vous sacrifiez le bonheur de vos enfans. Madame de Sénange voudrait calmer ses transports... Elle lui tend les bras, l'appelle son cher fils ; mais Théodore ne la reconnaît plus pour sa mère, il refuse ses embrassemens. Le désespoir lui ôte la raison, ses yeux étincellent, ses genoux tremblent, son cœur s'agite. Zoé est effrayée. A cet instant le Pasteur prenant Théodore par la main, lui commande de réprimer ses transports, et lui montre que cet ordre est écrit au ciel même. Théodore, à la voix du Pasteur, est frappé d'étonnement. Ses régards sont fixés vers l'Eternel, ses forces l'abandonnent ; il apperçoit les larmes de madame de Sénange ; il va pour lui demander grace de son emportement, mais il tombe accablé de chagrin dans les bras du Vieillard. Le Pasteur fait signe à Marianne de le faire rentrer à la case, Zoé voudrait le suivre, mais le missionnaire l'engage à rester.

SCENE XIV.

Madame de Sénange semble décidée à ne point souffrir ce malheureux voyage qui lui déchire l'ame. Le Pasteur, s'adressant avec calme à cette tendre mère, lui fait voir tous les avantages qu'elle va perdre, si elle renonce aux volontés de sa tante. Il cherche à persuader sa malheureuse Zoé. Il faut, dit-il, obéir à la Providence, à votre mère, c'est un sacrifice, mais c'est l'ordre du ciel... Zoé, les yeux baissés, se résigne après avoir versé bien des larmes, enfin elle tombe accablée de douleur sur le sein de sa mère. Le missionnaire, voyant sa résignation, sort pour en instruire le Gouverneur. Pendant ce tems, Dominguo, au désespoir, a été avertir son jeune maître de la résolution de Zoé.

SCENE XV.

Théodore revient égaré. Au moment où le Pasteur sort, il voit Zoé, il court à elle, il demande à sa jeune amie s'il est vrai qu'elle soit déterminée à partir, le silence, les larmes de Zoé, tout lui annonce sa fatale résolution. Théodore à cet aspect est frappé comme de la foudre.... et quoi, lui dit-il? vous me quitterez, vous abandonnerez ma mère, la vôtre, Dominguo... et en les montrant, voyez la désolation que vous répandez dans notre famille; mais je ne vous quitte pas. Je m'attache à vous, alors le priant, la suppliant, l'embrassant, il lui dit de renoncer à ce voyage. Ces aimables enfans entremêlent leurs larmes, Zoé est prête à céder à son amant lorsque sa mère vient la prendre des bras de Théodore; alors le jeune homme, hors de lui, apperçoit les deux cocotiers, il y vole et veut déraciner celui de Zoé, elle l'arrête, lui rappelle les momens qu'elle à passé avec lui près de ces arbres, ces souvenirs lui arrache des pleurs, et, en cachant sa tête dans ses mains, elle veut dérober à Théodore toute sa douleur. Théodore la conjure de ne point lui dérober ses larmes. Zoé détourne sa tête, regarde et Théodore se précipite dans ses bras. Un coup de canon se fait entendre... Les deux amans à ce bruit sont saisis de crainte. Zoé tremblante, regarde sa mère, l'effroi se peint dans tous les mouvemens de Théodore, il s'approche de sa maîtresse et lui dit : entends-tu, on t'appelle, c'est le signal de ton départ... Zoé est forcé d'obéir, elle embrasse Théodore et lui dit adieu pour la dernière fois. Mais Théodore avec le délire de l'amour l'arrête; non, non, tu ne partiras pas seule... il s'attache à elle et veut la suivre. Mariannne le conjure de ne point l'abandonner, Théodore, placé entre sa mere et Zoé, exprime les divers sentimens qui se combattent dans son cœur. Ici, c'est son amour pour Zoé. Là, la tendresse maternelle. Cette terrible situation est interrompue par le tambour qui bat au champ, et annonce l'arrivée de M. le Gouverneur.

SCENE XVI.

Sitôt que Théodore l'apperçoit, il saisit Zoé et défie tout le monde de lui arracher son amante. Le Vieillard, Dominguo et Marianne, dans la plus grande affection tombent aux pieds du Gouverneur, le suppliant de ne point exécuter, ou de différer les ordres qu'il a reçus. Il cherche a consoler cette malheureuse famille; il déclare qu'il est forcé d'obéir. Alors s'adressant a Zoé, il la prie de ne point se refuser aux volontés de sa parente. Mais Zoé ne veut pas se séparer de son cher Théodore, elle ne veut point abandonner sa mère, toutes les prières et les sollicitations du Gouverneur ne peuvent rien sur son cœur. Alors il est obligé de faire usage de son pouvoir; il ordonne à plusieurs Officiers de séparer les deux amans. Théodore à cet ordre ne connaît plus aucuns dangers, tenant Zoé dans ses bras, il brave toutes les menaces et rend inutiles leurs efforts... Cependant il est obligé de céder au nombre... On lui enlève sa chère Zoé... Mais le désespoir lui donne de nouvelles forces, et malgré que l'on s'oppose à ce qu'il suive Zoé, il se fraye un passage jusqu'à elle; à ce moment Zoé se débarrasse des matelots, et les deux amans se précipitent dans les bras l'un de l'autre : ils cherchent à s'échapper. Dominguo les suit, voulant les protéger, mais son espoir est vain; les matelots resaisissent Zoé et l'enlèvent. Madame de Sénange à ce spectacle déchirant tombe de douleur dans les bras de plusieurs femmes. Dominguo se frappe la poitrine de désespoir; il s'attache aux pieds des matelots et les suit; Théodore est retenu. Il fait tous ses efforts pour courir après Zoé. Il entraîne tous ceux qui l'entoure. Les matelots arrivés près du rivage transportent Zoé malgré elle dans un canot qui prend aussitôt le large.

Zoé qui a innondé son mouchoir de ses larmes, le jette du côté où est son amant, en prolongeant sur lui un douloureux regard.

Théodore appercevant le gage de sa maîtresse, court le ramasser ; il le porte sur son cœur, sur ses lèvres, et après avoir perdu de vue sa chère Zoé, il tombe dans les bras de sa mère et du Vieillard qui le conduisent dans sa case; tout le monde sort dans le plus grand désespoir.

Fin du second Acte.

ACTE III.

Le théâtre représente le rivage de la mer. Sur un des côtés, est un rocher très-élevé; au premier plan, et en avant de la coulisse, est un papayer *où l'on voit le chiffre de Théodore et Zoé.*

SCENE PREMIERE.

On apperçoit le vaisseau en mer; Zoé est sur le tillac, le Gouverneur est auprès d'elle; Dominguo, Marie et le petit enfant sont au bord du rivage, faisant des signes d'adieux à leur bonne maîtresse. Le vaisseau est pavoisé, et part aux acclamations de la joie. Dominguo et Marie montent sur le rocher et suivent des yeux le bâtiment, qui gagne la pleine mer; plus il s'éloigne, plus leur douleur s'accroit; ils restent dans cette position jusqu'à l'arrivée de Théodore.

SCENE II.

Il paraît et parcourt ces lieux comme un homme égaré... il appelle sa chère *Zoé;* mais *l'écho seul répète Zoé.* Théodore apperçoit Dominguo et Marie, il leur demande où est Zoé? ces pauvres Nègres tournent la tête vers leur jeune maître, et versent des pleurs. Théodore, voyant couler leurs larmes, ne doute plus que Zoé ne soit partie; n'espérant plus la revoir, il se livre à sa douleur, son trouble se manifeste dans tous ses mouvemens, il ne sait de quels côtés tourner ses pas ; enfin, il va tomber au pied du papayer. Après un moment d'accablement il revient à lui, fixe tous les objets sans rien distinguer ; cependant ses yeux se portent sur l'arbre, il apperçoit son chiffre enlacé avec celui de Zoé, cette vue le rend plus calme ; il se rappelle tous les momens qu'il a passés avec elle dans ces mêmes lieux ; mais son bonheur est bientôt dissipé, il regarde la mer et retombe dans sa douleur ; Dominguo et Marie sont près de lui, ils n'osent lui parler, ils déplorent sa situation. Dominguo fait approcher de Théodore le petit enfant. Le petit Nègre le caresse d'un air où se peignent ses graces enfantines. Théodore, revenant à lui peu-à-peu, reconnaît l'enfant et l'embrasse, le petit lui remet une fleur de la part de Zoé, il la prend et la baise avec transport, et dans son mouvement de joie, il voit Dominguo et tombe dans ses bras ; ses larmes ne peuvent résister aux tendres embrassemens de ce bon Nègre. Dominguo ne peut retenir ses pleurs et tous confondent leurs peines. Théodore est soulagé par la tendre amitié de Dominguo, la reconnaissance de Marie et les caresses naïves de son enfant. Dominguo profite de ce moment pour lui remettre une bague de la part de Zoé... à cette vue, une joie funeste paraît dans tous ses regards, il saisit avidement ce dernier gage de l'amour, il le porte à sa bouche, le baise avec transport ;

le remettant ensuite à son doigt, il jure que jamais il ne le quittera, ainsi que le mouchoir qu'il pose sur son cœur. Dominguo voudrait l'emmener, mais Théodore, lui montrant l'arbre, dit : *c'est ici que j'attendrai son retour, ou que je mourrai...* puis un instant après il appelle Zoé ; mais on ne répond point à sa voix. Dominguo a ses yeux fixés vers la mer, et montre à Théodore le côté d'où elle est partie. Théodore monte sur le rocher. Dominguo, ne voulant point le quitter, aide son jeune maître à le gravir. Arrivés au sommet, ils cherchent à découvrir le vaisseau, mais ils ne l'apperçoivent plus. Cependant, Théodore, comme s'il voyait encore sa chère Zoé, lui envoie des baisers. Un instant après, il s'apperçoit de son erreur et se met à pleurer; il redescend avec Dominguo, dans la plus grande consternation... Dominguo espère qu'il va quitter ce lieu si triste ; mais Théodore, appercevant l'arbre, y vole et le tient étroitement serré.

SCENE III.

Madame de Sénange arrive soutenue par le Vieillard et Marianne, la désolation est peinte sur leurs visages. Ils cherchent Théodore, ils l'apperçoivent au pied de l'arbre, ils y volent; mais leur surprise est extrême lorsque Théodore, détournant les jeux, se cache la figure dans ses mains et veut fuir. Madame de Sénange le retient; le Vieillard le prie de ne point être inexorable aux larmes de ces tendres mères, Théodore écoute le Vieillard, et se jette dans les bras de Marianne; mais lorsque ses yeux rencontrent les regards de Madame de Sénange il détourne la vue.

SCENE IV.

A ce moment les nuages s'ammoncèlent, tout annonce un terrible orage, des coups de tonnerre très-éloignés se font entendre. Des habitans effrayés arrivent; à ce bruit, Théodore sort de son accablement; le Vieillard, Dominguo et les deux mères, parcourent la scène. L'orage gronde et augmente. Théodore, se jetant à genoux, conjure le ciel de protéger sa Zoé, tout le monde, à son exemple, fait une fervente prière. A ce moment on entend un coup de canon de détresse; on vient annoncer que le *St.-Géran* est en grand danger. Théodore ne peut plus se contenir, il court au rivage: le tambour bat.

SCENE V.

Un officier, suivi de Soldats, arrive avec des flambeaux; les Matelots gravissent les rochers, d'où ils jettent à la mer des cordages. Les habitans portent du secours, tout est dans la plus grande agitation; Théodore, Dominguo et le Vieillard se joignent à eux. Madame de Sermange et Marianne sont dans la plus grande désolation.

SCENE VI.

Au moment où l'ouragan est prêt d'éclater, *le vaisseau paraît (tirant à chaque instans des coups de canon de détresse) avec son pont chargé de monde , les vergues et ses mâts de hunes emmenés sur le tillac, son pavillon en berne, quatre cables sur son avant, et un de retenue sur son arrière.* Zoé tient le mât d'une main, de l'autre, elle fait signe de venir à son secours ; Théodore l'appercevant ne peut plus arrêter son ardeur ; il veut mourir ou sauver Zoé ; Marianne le prie de ne point s'exposer à un si grand danger, mais Théodore n'écoute rien, il embrasse sa mère , lève les yeux au ciel qu'il implore, monte précipitamment sur le rocher et se jette à la mer. Dominguo, animé par son jeune maître et le danger de Zoé, le suit aussitôt ; on voit nager Théodore, tantôt il est près de sa Zoé , tantôt il est repoussé sur le rivage par une énorme vague ; Zoé est sur le tillac tendant les bras à son cher Théodore ; enfin, il parvient au vaisseau au moment où le Gouverneur est descendu dans une chaloupe, et prêt à recevoir Zoé... La foudre éclate, le St. Géran est tout en feu, il s'abîme, tout disparaît aux yeux des spectateurs qui sont sur le bord de la mer ; à ce moment madame de Sénange et Marianne tombent sans connaissance. Le Vieillard anime tout le peuple à sauver les naufragés.

SCENE VII.

Le Gouverneur arrive les cheveux et les vêtemens en désordre ; il craint d'avoir causé la mort de Zoé, il engage, par prières et par l'espoir d'une récompense, les Matelots à se jeter à la mer, pour sauver, s'il se peut, Théodore et Zoé ; tout est aussitôt en mouvement sur le rivage et dans les flots; cependant il voudrait faire naître dans le cœur des deux mères une espérance qu'il a lui-même perdue.

SCENE VIII.

Enfin on voit Théodore et Dominguo reparaître sur les flots nageant et tenant Zoé, ils la portent sur le rivage secondés par plusieurs Matelots.

SCENÈ IX.

Zoé est sans connaissance, la pâleur couvre son visage, elle semble morte. A cette vue un violent désespoir s'empare de Théodore et lui donne de nouvelles forces pour saisir Zoé, il la soulève dans ses bras, il voudrait la rappeller à la vie. Dominguo partage la douleur et le désespoir de son jeune maître ; il découvre le portrait de Théodore que Zoé, sur le point de périr, avait posé sur son cœur, et que sa main quoique glacée tenait encore. Cette dernière preuve de l'amour de Zoé, met le comble à la douleur de Théodore ; le délire s'empare de son esprit, lorsque tout-à-coup Dominguo, sentant palpiter le cœur de Zoé, rappelle Théodore à la vie en lui donnant l'espérance. Zoé revient peu-à-peu, les tendres embrassemens de Théodore la raniment, et elle reconnaît son amant; ils sont dans les bras l'un de l'autre. Ils apperçoivent Madame de Sénange et Marianne; ils volent vers leurs tendres mères. La joie devient générale, Dominguo, le Vieillard et Marie les embrassent alternativement.

SCENE X ET DERNIERE.

M. de la Martinière, qui partage le bonheur de cette intéressante famille, félicite Dominguo sur son dévouement et sur son courage, il lui remet, pour récompense, une bourse; Dominguo ne l'accepte que pour la remettre aussitôt à l'enfant de Marie. Le Gouverneur sollicite madame de Sénange d'unir Théodore et Zoé; il leur promet sa protection, et demande que l'on vienne célébrer la noce à son château; Madame de Sénange y consent, Théodore et Zoé tombent aux pieds du Gouverneur ainsi que tout le monde pour le remercier de toutes ses bontés. On place Théodore et Zoé sur un palanquin, M. le Gouverneur donne la main à madame de Sénange. Les Nègres partent en dansant, tout le monde les suit.

FIN.

Je ne vois qu'insensés monarques, etc.

Tout cœur vraiment français se sent indigné à la lecture de ces regnes, de ces régences exécrables qui précéderent et suivirent la vie du sage Charles V. Les excès des Maillotins et des Armagnacs font frémir; on a peine à croire que les basses rivalités des princes du sang royal les aient aveuglés au point de se mettre eux-mêmes à la tête de la populace, de se poignarder l'un l'autre, d'appeler les étrangers à ruiner leur héritage, et d'inonder de sang toutes nos villes. On avait vu Louis VIII, fils de Philippe Auguste, couronné dans Londres sous le treizieme siecle, et sous le quatorzieme, Édouard III et Henri V régnerent à Paris.

Que devenaient les peuples gouvernés par des rois toujours assis sur des trônes qu'ils ne possédaient pas, et toujours repoussés du leur? A quels maux l'oubli des intérêts suprêmes de la patrie expose les nations!

CHANT DOUZIEME.

AFFRANCHISSEMENT DE LA ROYAUTÉ.

Mort de Jeanne d'Arc, dite *Pucelle d'Orléans.* Le poëte apperçoit le château de Plessis-lès-Tours, habité par Louis XI. La France lui raconte les combats de ce roi contre la féodalité, et déplore l'avilissement où la tyrannie a fait tomber cet habile politique.

Un bûcher dont la flamme brille
Éclaire les traits pâlissants
D'une amazone, illustre fille,
Qu'insultent des cris menaçants.
Quelle fierté majestueuse
Mêle une pudeur vertueuse
A l'effroi qui trouble son sein!
Quels divers transports la saisissent!
Ses yeux s'égarent, s'obscurcissent,
Et son front semble encor serein.

www.ingramcontent.com/pod-product-compliance
Lightning Source LLC
LaVergne TN
LVHW050503160826
845677LV00003B/904

* 9 7 8 2 3 2 9 6 4 7 9 8 2 *